AF494143

25 MARS 1914 PN

COLLECTION DE MONSIEUR X.

MINIATURES

Du XVIIIe Siècle et autres

CATALOGUE

DES

MINIATURES

Par :

COTES, DUBOIS-DRAHONET
DUBOURG, DUMONT, ENGELHEART, GUÉRIN, HALL, ISABEY
MANSION, SAINT, ETC.

APPARTENANT A MONSIEUR X.

Et dont la Vente aura lieu à Paris

HOTEL DROUOT, SALLE N° 11

LE MERCREDI 25 MARS 1914

A DEUX HEURES

COMMISSAIRE-PRISEUR	EXPERTS
Me F. LAIR-DUBREUIL	**MM. MANNHEIM**
6, rue Favart	7, rue Saint-Georges

EXPOSITION PUBLIQUE SALLE N° 8

Le Mardi 24 Mars 1914, de deux heures à six heures

CONDITIONS DE LA VENTE

Elle sera faite au comptant.

Les adjudicataires paieront *dix pour cent* en sus des enchères.

Paris. — Imp. de l'Art. CH. BERGER, 41, rue de la Victoire.

DÉSIGNATION

1 — **Arlaud Jurine** (Louis-Ami). Genève 1751 † 1829. Élève de Liotard. Portrait de femme en buste, vêtue de blanc avec large ceinture bleue. Miniature ovale. 160.

2 — **Augustin** (Attribuée à Jean-Baptiste-Jacques). Saint-Dié 1759 † 1832. Portrait d'homme en buste, vêtu d'un habit gros bleu. Miniature ronde. Cadre en bronze ciselé et doré. 750.

3 — **Augustin** (Pauline). Paris 1781 † 1865. Portrait de Frédéric Duvernoy, premier cor récitant de la chapelle de la chambre du roi, professeur au Conservatoire, etc., suivant une inscription placée au revers. Il est représenté de face, vêtu de noir, en buste. Miniature ovale. Signée à droite et datée : *1834*. Cadre en bronze ciselé et doré. 1,000. Schidloff

4 — **Berger** (Attribuée à Philippe). Pargny 1783 † 1867. Élève de Girodet-Trioson. Portrait d'homme en buste, vêtu de noir. Miniature ovale. Cadre en cuivre doré. 180.

5 — **Borilly** (Jean-Baptiste). Fin du XVIIIe siècle. Portrait d'homme de profil, peint en grisaille. Miniature ronde. Signée. 90.

6 — **Bouchardy** (Étienne). Paris 1797 † vers 1850. Élève de Gros et Sicardi. Sainte Élisabeth de France figurée par une jeune femme assise sur un banc dans la campagne, ayant près d'elle une fillette et sur la tête de qui deux anges portent une couronne de laurier. En bas, l'inscription : ***Sainte Élisabeth de France.*** Grande miniature ovale. Signée à gauche et datée : *1828*. Encadrée.

7 — **Bouchardy** (Étienne). Portrait présumé du général Subervie en buste, vêtu de vert foncé. Miniature ovale. Signée à gauche et datée : *1835*. Cadre en bois noir et cuivre.

8 — **Chalon** (Alfred-Édouard). Genève 1781 † 1860 Londres. Peintre de la reine Victoria. Portrait d'homme en buste, vêtu d'un habit gros bleu. Miniature ovale. Signée à gauche et datée : *1802*.

9 — **Collette** (Madame). Époque Empire. Portrait de femme en buste, vêtue d'un corsage blanc décolleté, une écharpe rouge pendant sur l'épaule gauche. Miniature ronde. Signée à droite.

10 — **Cosway** (École de Richard). Portrait d'homme en buste, vêtu d'un habit gros bleu. Fond de ciel. Miniature ovale. Revers parqueté de cheveux.

11 — **Coteau** (H.). Genève (commencement du XIXe siècle). Portrait présumé du vicomte de la Rue de Saint-Léger, grand maître des cérémonies du roi de Portugal. Il est représenté en buste, revêtu de l'uniforme. Miniature ovale. Cadre en bronze doré.

12 — **Cotes** (Samuel). Londres 1754 † 1818. Portrait d'homme à mi-corps, vêtu d'un gilet et d'un habit rouge et tenant une épée. Miniature ovale. Signée à droite des initiales S. C. et datée : *1770*. Cadre à filets d'émail bleu. 900. Hughes.

13 — **Cotes** (Samuel). Portrait de femme représentée en Diane et vue de buste. Elle porte un carquois et est vêtue d'un corsage décolleté avec plumes dans les cheveux, et ruban vert. Miniature ovale. Signée à droite des initiales S. C. et datée : *1781*. Cadre à filets d'émail bleu. 980.

14 — **Cotes** (Samuel). Portrait d'homme en buste, vêtu d'un gilet blanc et d'un habit rouge. Miniature ovale. Signée à droite S. C. et datée : *1785*. Cadre à filets d'émail bleu. 920.

15 — **Cousin** (Pierre-Léonard). Limoges 1788 † Paris. Portrait de femme en buste, vêtue d'un corsage noir décolleté à manches blanches, avec ceinture de couleur. Fond de verdure. Miniature ovale. Signée à droite. Cadre en bois et cuivre. 300.

16 — **Dubois-Drahonet** (Alexandre-Jean). † Versailles 1834. Portrait de la Duchesse de Berry en buste, vêtue d'un corsage vert décolleté, avec fourrure et bijoux. Grande miniature ovale. Signée à droite et datée : *1829*. 2.600 Fornes.

17 — **Drouin** (Jean-Pierre). Besançon 1781. Portrait de femme en buste, vêtue d'un corsage noir. Miniature ovale. Signée à gauche et datée : *1829*. Cadre en cuivre doré. 900 Leroux de Villers

18 — **Drouin** (Jean-Pierre). Portrait d'homme en buste, vêtu d'un habit noir avec cravate noire. Miniature ovale. Signée à droite et datée : *1829*. Cadre en cuivre ciselé.

19 — **Dubourg** (Augustin). Fin du XVIIIe siècle. Portrait de jeune femme accompagnée de deux enfants. Fond d'architecture. Miniature ronde. Signée à gauche.

20 — **Dumont** (François). Lunéville 1751 † Paris 1831. Portrait de femme en buste, vêtue de blanc, tenant une lettre. Miniature ovale. Signée à droite et datée : *1803*.

21 — **Edridge** (Henri). Paddington 1769 † Londres 1821. Portrait de femme à mi-corps, vêtue de blanc, avec écharpe noire, et adossée à un arbre. Miniature ovale.

22 — **Engleheart** (George). Kew 1752 † Londres 1829. Peintre du roi Georges III Portrait d'homme en buste, vêtu d'un habit bleu, avec cravate blanche. Miniature ovale. Signée de l'initiale E à droite.

23 — **Engleheart** (George). Portrait d'un officier anglais en buste, portant une tunique rouge à épaulettes d'or. Miniature ovale. Revers parqueté de cheveux.

24 — **Engleheart** (George). Portrait de femme en buste, vêtue d'un corsage blanc décolleté, avec parements bleus. Miniature ovale. Signée à droite de l'initiale E.

19

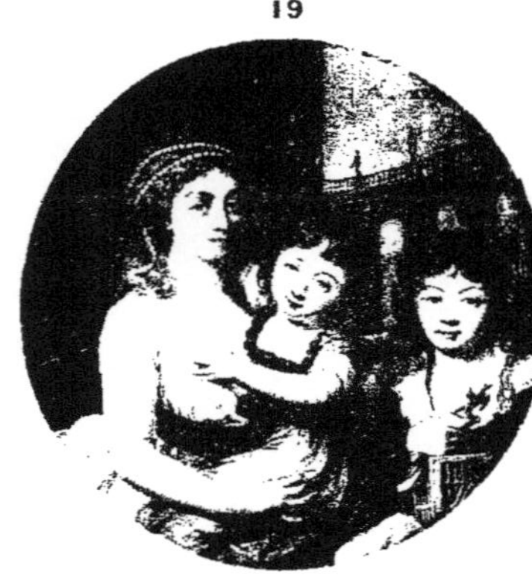

58

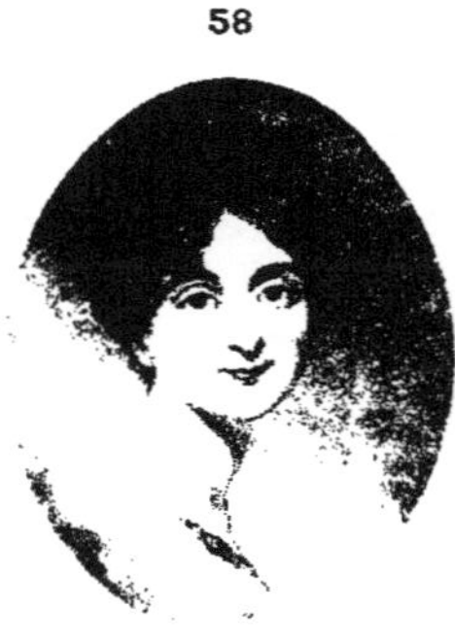

36

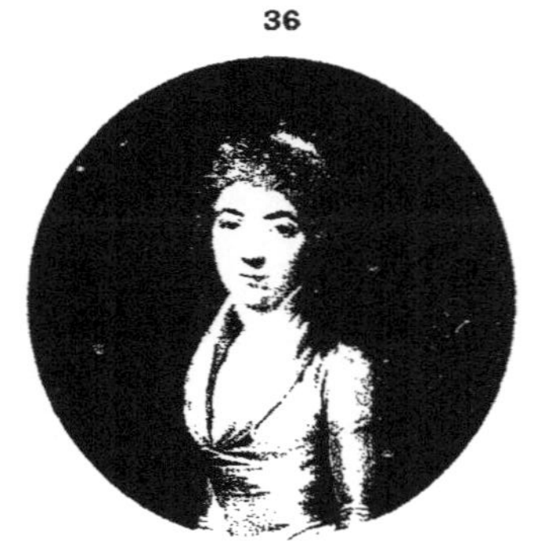

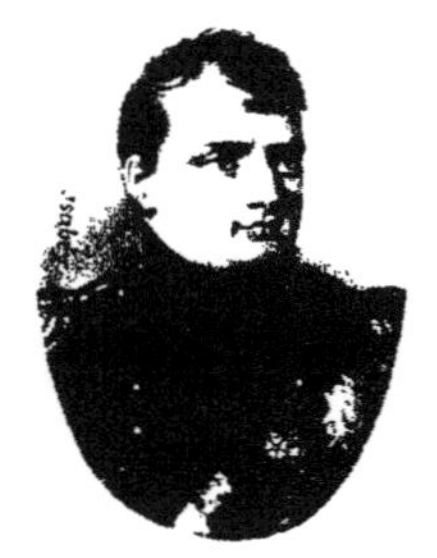

35

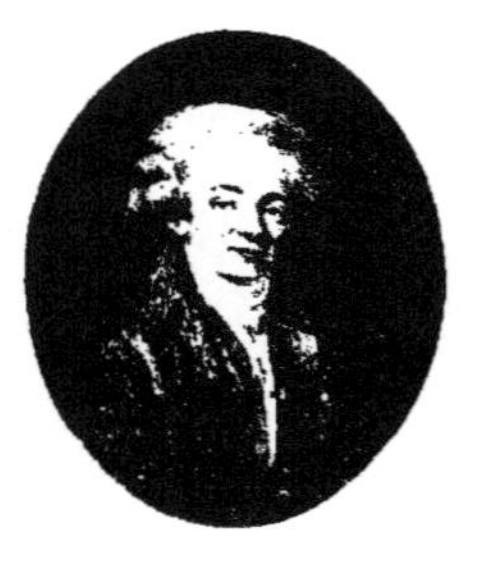

29

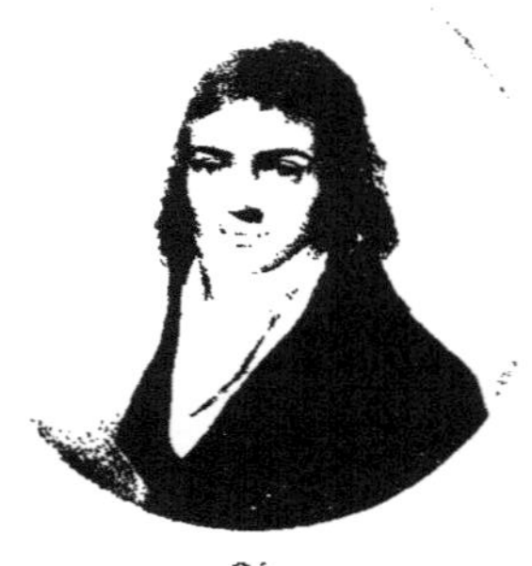

34

25 — **Ferrière** (François). Genève 1753 ✝ 1839. Portrait d'homme en buste, vêtu d'un habit gros bleu. Miniature ovale. Signée à gauche et datée : *1800*. Revers parqueté de cheveux.

26 — **Fontallard** (Attribuée à Jean-François-Gérard). Mézières 1777 ✝ Paris 1858. Élève d'Augustin. Portrait de femme en buste, vêtue d'un corsage blanc décolleté. Fond de draperie. Miniature ovale. Cadre en bois clair et cuivre doré.

27 — **Guérin** (Jean). Strasbourg 1760 ✝ Obernay 1836. Portrait de femme en buste, vêtue de blanc, avec ceinture violette, des perles aux oreilles. Miniature ovale. Signée à gauche. Cadre en bronze ciselé et doré.

(*Collection Garais-Waldemar.*)

(*Vente Jean Dollfus.*)

28 — **Guérin** (Jean). Portrait d'homme en buste, vêtu d'un habit foncé. Miniature rectangulaire. Signée à droite. Cadre en or émaillé bleu et cuivre.

29 — **Hall** (Pierre-Adolphe). Boras 1739 ✝ Liège 1793. Portrait d'homme en buste, vêtu de rouge, avec parements marrons. Miniature ovale. Cadre en bronze doré.

30 — **Hayter** (Charles). Hamshire 1761 ✝ Londres 1835. Portrait de jeune femme en buste, vêtue d'un corsage blanc décolleté, un collier de corail au cou. Miniature ovale. Signée au dos.

31 — **Humphrey** (Ozias). Honiton 1742 † Londres 1810. Portrait de femme en buste, vêtue d'un corsage rose décolleté, des perles dans les cheveux. Miniature ovale. Au revers, une mèche de cheveux.

32 — **Isabey** (Jean-Baptiste). Nancy 1767 † Paris 1855. Portrait présumé d'Élisabeth Alexiewna, Impératrice de Russie, représentée en buste, vêtue de blanc, la tête légèrement tournée vers l'épaule droite. Grande miniature ovale. Signée à gauche et datée : *1815*. Cadre en bois clair et cuivre.

33 — **Isabey** (Jean-Baptiste). Portrait de l'Impératrice Joséphine en buste, et corsage décolleté, à parements rouges. Miniature ovale. Signée à droite et datée : *1806*. Elle est montée sur une boîte en or émaillé partiellement.

34 — **Isabey** (Jean-Baptiste). Portrait d'homme en buste, vêtu d'un habit gros bleu, avec cravate blanche. Miniature ronde. Signée à gauche.

35 — **Isabey** (Jean-Baptiste). Portrait de Napoléon Ier en buste, revêtu de l'uniforme.

36 — **Isabey** (Jean-Baptiste). Portrait de femme en buste, vêtue d'un corsage gris perle, un ruban dans les cheveux. Miniature ronde. Signée à gauche : *Isabey à Paris*.

37 — **Isabey** (Attribuée à Jean-Baptiste). Portrait de femme en buste, vêtue d'un costume blanc décolleté, avec ceinture violette. Miniature ronde.

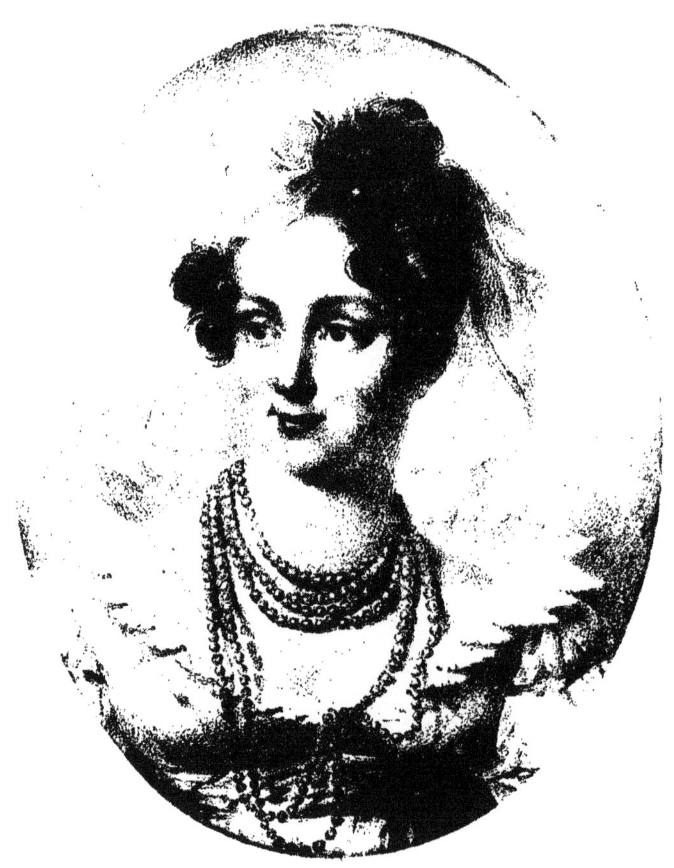

38 — **Isabey** (Attribuée à Jean-Baptiste). Portrait de Napoléon Ier en buste. Miniature ovale. Cadre en bronze doré.

39 — **Jannach**. Pologne, fin du XVIIIe siècle. Portrait d'homme en buste, vêtu d'un habit marron. Miniature ronde. Signée à droite.

40 — **Jovin** (Aimée). Paris, XIXe siècle. Portrait de femme en buste, vêtue d'une écharpe, un bouquet de fleurs au corsage. Miniature ovale. Signée à droite.

41 — **Klingstedt** (Claude-Charles-Gustave). Riga 1657 † Paris 1734. Sujet galant. Dessin ovale rehaussé de couleur. Cadre en cuivre doré.

42 — **Klingstedt** (Claude-Charles-Gustave). Léda et le Cygne. Dessin rectangulaire à angles coupés.

43 — **Klingstedt** (Claude-Charles-Gustave). Moines prenant une collation. Miniature rectangulaire.

44 — **Le Gros** (Jacob-Maria). Élève d'Isabey. Portrait de jeune femme en buste, vêtue de blanc, avec ceinture ovale. Signée à droite et datée : *1825*. Cadre en cuivre doré.

45 — **Machera** (Ferdinand). Dôle, 1776. Élève de Devosge. Portrait de femme en buste, vêtue d'un corsage noir décolleté. Miniature ronde. Signée à gauche et datée : *1827*.

46 — **Mansion** (J.). Élève d'Isabey. Portrait de femme en buste, vêtue d'un costume blanc décolleté, avec ceinture et draperie bleue. Miniature ovale. Signée à droite et datée : *1827*.

47 — **Mansion** (J.). Portrait d'homme en buste de face, vêtu de noir. Fond de ciel. Grande miniature rectangulaire à angles coupés. Signée à droite. Cadre en bronze ciselé et doré.

48 — **Mansion** (J.). Portrait de femme en buste, vêtue de blanc, fond d'architecture. Miniature ovale. Signée à droite et datée : *1822*. Cadre en bronze ciselé et doré.

49 — **Miles** (Edward). Angleterre, fin du XVIIIe siècle. Peintre de la reine Charlotte. Portrait d'homme en buste, vêtu d'un habit gros bleu, avec cravate blanche. Miniature ovale.

50 — **Millett** (H.). Angleterre, commencement du XIXe siècle. Portrait de lady Hargreaves, vêtue de blanc. Fond d'architecture avec draperie rouge. Miniature rectangulaire. Reproduite dans : *Miniature painters british and foreign*. Tome I, par FOSTER.

51 — **Mirbel** (Attribuée à Mme Lizinka de). Portrait de jeune femme en buste, de face, en corsage décolleté. Miniature ovale.

52 — **Mourlan** (Pierre-Joseph-Alexandre). Paris, 1789 † 1860. Élève de Saint. Portrait d'homme en buste de face, vêtu de noir, tenant de la main droite un face à main. Fond de draperie rouge. Miniature rectangulaire. Signée à gauche. Encadrée.

53 — **Muneret**. Élève d'Isabey. Portrait de femme en buste, vêtue d'un corsage blanc décolleté. Miniature ovale. Signée à gauche. Cadre en bronze ciselé et doré.

54 — **Noireterre** (Mademoiselle de). Fin du XVIIIe siècle. Portrait d'homme en buste, vêtu d'un habit bleu, avec cravate blanche. Miniature ronde. Signée à droite.

55 — **Noisot**. Portrait de jeune femme en buste, vêtue d'un corsage bleu, fond de paysage. Miniature ovale. Signée à droite et datée : *1828*. Cadre en cuivre ciselé et doré.

56 — **Plimer** (Andrew). Wellington 1763 ✝ Brighton 1837. Portrait de femme en buste, vêtue de blanc, avec collier de corail. Miniature ovale cerclée d'or.

57 — **Rinaldini** (?). Milieu du XVIIIe siècle. Portrait présumé de la marquise de Pompadour, vêtue de bleu, assise et s'appuyant sur une sphère terrestre. Fond de draperie rouge. Miniature rectangulaire. Cette miniature aurait, d'après une inscription placée au revers, fait partie des collections du roi Louis XV. Encadrée.

58 — **Robertson** (Andrew). Aberdeen 1776 ✝ Londres 1845. Portrait de jeune femme en buste, la tête tournée de face et légèrement inclinée. Fond de ciel. Miniature ovale. Cadre rectangulaire émaillé gros bleu et avec plaque de verre bleu.

59 — **Robertson** (Andrew). Portrait de Beale, musicien anglais, assis devant son orgue. Grande miniature rectangulaire reproduite dans *The Musical Times*, 1er février 1897. Cette miniature serait le seul portrait connu de ce personnage. Encadrée.

60 — **Rochard** (Attribuée à François). 1798 † Londres 1858. Portrait présumé de l'actrice Nisbitt, plus tard lady Boothley, en buste, presque de face, vêtue d'une chemisette avec draperie rouge. Miniature ovale.

61 — **Rosalba** (?). Portrait de femme, vêtue d'une chemisette décolletée, avec draperie violette. Miniature ovale. Au revers, l'inscription : *Rosalba pinx.*

62 — **Sabatier** (Jean-Baptiste). Commencement du XIXe siècle. Portrait d'homme en buste, vêtu de noir. Miniature ovale. Signée à droite. Cadre en cuivre ciselé et doré.

63 — **Saint** (Daniel). Saint-Lô. 1778 † 1847. Élève d'Isabey. Portrait du roi Charles X en uniforme. Miniature ovale. Signée à droite. Elle est montée sur une boîte en écaille et or, portant sur la gorge la marque *Vachette, bijoutier à Paris.*

64 — **Sauvage** (Piat-Joseph). Tournay. 1747 † 1818. Portrait d'homme de profil en grisaille. Miniature ronde. Signée en bas et portant l'inscription :

« *On chérit ses talents*
« *On estime ses mœurs.* »

65 — **Sieurac** (François-Joseph-Juste). Cadix. 1781 † Sorèze 1832. Élève d'Augustin. Portrait de jeune femme en buste, vêtue en blanc, avec fichu rouge. Miniature ovale. Signée en haut et datée : *1829*. Cadre en cuivre ciselé et doré.

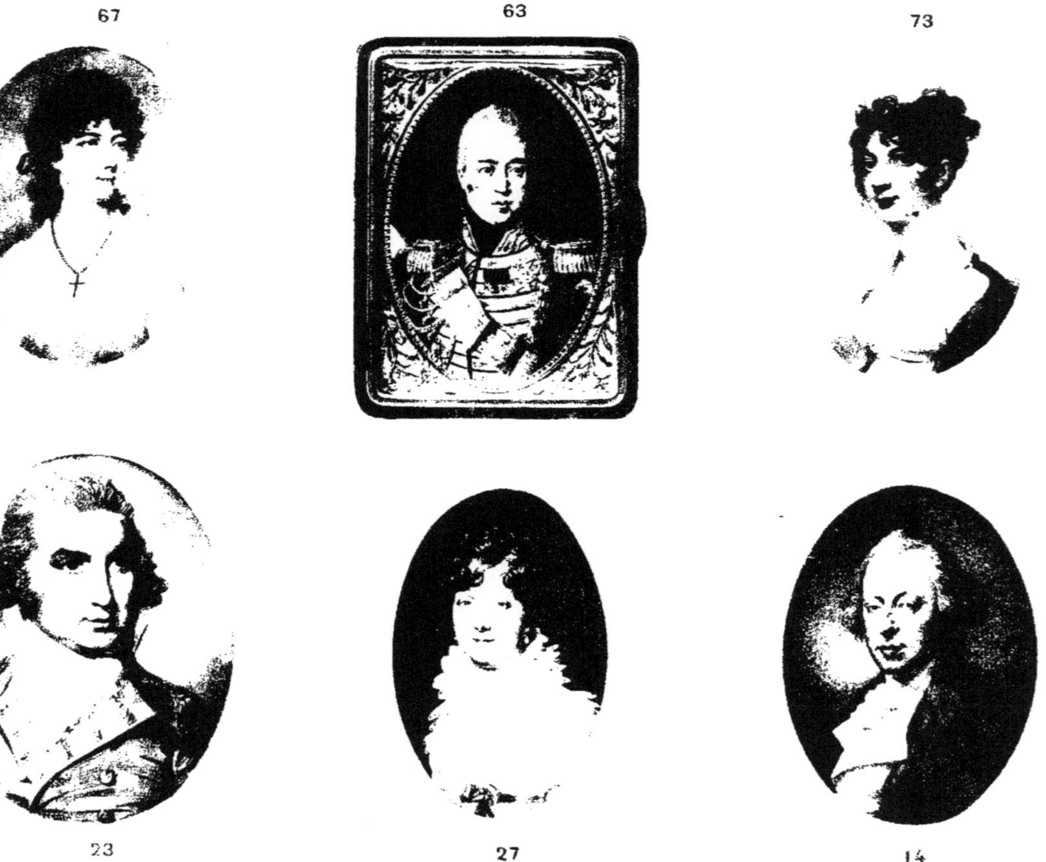

67 63 73

23 27 14

66 — **Singry** (Jean-Baptiste). 1782 ✝ 1824. Élève d'Isabey. Portrait de femme en buste, vêtue d'un corsage rouge décolleté. Miniature ovale. Signée à gauche et datée : *1808*. 760.

67 — **Smart** (John). Norwich 1741 ✝ Londres 1811. Portrait de femme en buste, vêtue de blanc et portant un collier terminé par une croix. Miniature ovale. Signée à gauche : *J. S.* et datée : *1799*. 1.380.

68 — **Smart** (John). Portrait d'homme en buste, vêtu d'un habit gris. Miniature ovale. Cadre parqueté de cheveux. 200.

69 — **Vernet** (Jules). 1792 ✝ 1843. Portrait d'homme en buste, vêtu d'un habit gros bleu. Miniature ovale. Signée à droite et datée : *1816*. 230.

70 — **Villers** (L.). Fin du XVIIIe siècle. Portrait d'homme en buste, vêtu d'un gilet rayé et d'un habit foncé. Miniature ronde. Signée à gauche et datée : *1788*. Elle est montée sur une boite en écaille brune doublée d'or. 1.520. Doistau

71 — **Watteville** (Félicie de). Lille vers 1800 ✝ Paris. Portrait de femme en buste, vêtue d'un corsage rougeâtre décolleté, un collier de perles au cou. Miniature ovale. Signée à droite. 750.

72 — **Watteville** (Félicie de). Portrait présumé de Madame Dugazon, de la Comédie-Française, en buste, des fleurs dans les cheveux. Peinture sur porcelaine. Signée : *Félicie* et datée : *1815*. 300.

73 — **Wood** (William). Suffolk 1768 † Londres 1809. Portrait de femme en buste, vêtue d'un corsage blanc, décolleté, avec draperie rouge. Miniature ovale.

74 — **École anglaise** (XVIIIe siècle). Portrait d'homme en buste, vêtu d'un habit bleu clair. Miniature ovale, dans un encadrement, forme médaillon, en verre blanc et or. Revers parqueté de cheveux.

75 — **École anglaise** (fin du XVIIIe siècle). Portrait de femme, vêtue d'un corsage blanc décolleté, deux fleurs dans les cheveux. Miniature ovale. Cadre enrichi de strass.

76 — **École anglaise** (fin du XVIIIe siècle). Portrait de femme en buste, vêtue d'un corsage décolleté bordé de guipure. Miniature ovale. Au revers, une mèche de cheveux.

77 — **École anglaise** (fin du XVIIIe siècle). Portrait d'homme en buste, vêtu d'un habit foncé, avec cravate blanche. Miniature ovale.

78 — **École anglaise** (fin du XVIIIe siècle). Portrait d'un officier anglais en tunique rouge, avec parements bleus et épaulettes bleu et or. Miniature ovale. Revers parqueté de cheveux et portant un monogramme.

79 — **École anglaise** (fin du XVIIIe siècle). Portrait de jeune homme en buste, vêtu d'un habit bleu. Miniature ovale.

80 — **École anglaise** (commencement du XIXe siècle). Portrait d'homme en buste, vêtu d'un habit gris bleu. Miniature rectangulaire.

81 — **École anglaise** (commencement du XIXe siècle). Portrait de femme en buste, vêtue de blanc, avec draperie rose. Fond de verdure. Miniature rectangulaire. Cadre en bronze. 500.

82 — **École française** (commencement du XIXe siècle). Portrait de femme, vêtue de bleu. Fond de paysage. Miniature ovale.

83 — **École anglaise** (commencement du XIXe siècle). Portrait de femme en buste, vêtue d'un corsage jaune décolleté, un collier de perles au cou, des fleurs dans les cheveux. Miniature rectangulaire. 700.

84 — **École anglaise** (commencement du XIXe siècle). Portrait de femme, vêtue de blanc avec ceinture bleue, un rang de perles dans les cheveux. Revers orné d'une mèche de cheveux. 400.

85 — **École anglaise** (commencement du XIXe siècle). Portrait d'enfant en buste, vêtu d'un bonnet blanc. Miniature ovale. 145.

86 — **École française** (XVIIIe siècle). Paysage avec vue de château animé de quelques personnages. Miniature ronde. 180.

87 — **École française** (XVIIIe siècle). Portrait présumé d'Antoine Réal en buste, vêtu d'un habit gros bleu. Miniature ronde. 840.

88 — **École française** (XVIIIe siècle). Portrait d'homme en buste, vêtu d'un habit bleu. Miniature ronde. 100.

89 — **École française** (xviiie siècle). Portrait d'homme en buste, vêtu d'un habit violet. Miniature ovale.

90 — **École française** (xviiie siècle). Portrait de femme en buste, vêtue de bleu. Miniature ovale.

91 — **École française** (xviiie siècle). Portrait du roi Louis XV, à mi-corps, portant l'armure. Miniature rectangulaire. Cadre en bois doré.

92 — **École française** (xviiie siècle). Portrait de Louis XV en buste, revêtu d'hermine. Miniature de forme contournée.

93 — **École française** (époque Louis XV). Portrait de femme en corsage décolleté. Miniature ovale.

94 — **École française** (époque Louis XV). Portrait d'homme assis, en habit violacé, tenant un livre et ayant sur sa table un feuillet de musique. Miniature ronde. Cadre en or et cuivre.

95 — **École française** (époque Louis XV). Portrait d'homme en buste, vêtu d'un habit violacé. Miniature ronde montée sur boite en écaille blonde.

96 — **École française** (époque Louis XV). Portrait de jeune femme en buste, jouant du luth. Miniature rectangulaire, montée au revers du couvercle d'une boite en laque noire incrustée de burgau, du temps de Louis XV.

97 — **École française** (époque Louis XVI. Portrait de femme en buste, vêtue d'un corsage gris perle décolleté et orné de roses. Miniature ovale, montée sur un étui porte-tablettes en cuivre.

98 — **École française** (époque Louis XVI). Portrait de femme en buste, vêtue d'un corsage décolleté. Miniature ronde.

99 — **École française** (époque Louis XVI). Portrait de femme en corsage violet, une branche de roses au corsage, un ruban bleu dans les cheveux. Miniature ovale. Cadre en or.

100 — **École française** (époque Louis XVI). Portrait d'homme en buste, vêtu d'un habit foncé, avec gilet bleu à fleurs. Miniature ronde.

101 — **École française** (époque Louis XVI). Portrait de jeune femme en buste de face, vêtue d'un corsage violet décolleté, avec fichu. Miniature ronde.

102 — **École française** (fin du XVIIIe siècle). Portrait de femme en buste, vêtue de blanc, avec ceinture bleue, et coiffée d'un haut chapeau noir. Miniature ovale.

103 — **École française** (fin du XVIIIe siècle). Portrait de jeune femme en buste, vêtue d'un corsage jaune décolleté. Miniature ronde.

104 — **École française.** Portrait de jeune femme en buste, vêtue d'un corsage bleu décolleté bordé de dentelle. Miniature ronde.

105 — **École française.** Portrait de femme assise, tenant des feuillets de musique. Fond de draperie. Miniature ovale.

106 — **École française** (commencement du XIXe siècle). Portrait présumé de Pauline Bonaparte en buste, vêtue d'une chemisette avec draperie marron. Grande miniature rectangulaire. Cadre en cuivre ciselé et doré.

107 — **École française** (commencement du XIXe siècle). Portrait d'officier en buste, portant un uniforme à épaulettes d'argent. Miniature ovale. Cadre en bois et cuivre.

108 — **École française** (époque Restauration). Portrait de femme en buste, vêtue de blanc. Miniature ovale. Cadre en cuivre ciselé et doré.

109 — **École française** (époque Restauration). Portrait de jeune fille en buste, vêtue de bleu. Miniature ovale.

110 — **École française** (époque Restauration). Portrait de jeune fille en buste, fond nuageux. Miniature ovale. Cadre en cuivre ciselé et doré.

111 — **École anglaise** (vers 1830). Portrait de femme en buste, vêtue de bleu. Fond nuageux. Miniature rectangulaire.

112 — **École française** (époque Louis-Philippe). Portrait du roi Louis-Philippe en habit noir. Miniature ovale.

113 — **École française** (époque Louis-Philippe). Portrait de jeune fille en buste, vêtue d'un corsage blanc décolleté. Miniature ovale.

114 — **École française** (époque Louis-Philippe). Portrait de jeune fille en buste, vêtue de blanc, avec ceinture rose. Miniature ovale. Cadre en bois clair et cuivre.

www.ingramcontent.com/pod-product-compliance
Ingram Content Group UK Ltd.
Pitfield, Milton Keynes, MK11 3LW, UK
UKHW020511180726
13839UKWH00005B/2008

9 782329 523903